LES ARBRES

MERVEILLES DE LA NATURE

LES ARBRES

MERVEILLES DE LA NATURE

Jenny Linford

Parragon Books Ltd
Queen Street House
4 Queen Street
Bath, BA1 1HE
Royaume-Uni

Crédits photographiques *voir* page 191

Conception et réalisation de Atlantic Publishing

Réalisation : *In*Texte Édition, Toulouse
Traduction de l'anglais : Dominique Autié

ISBN 1-40546-521-2

Imprimé en Indonésie
Printed in Indonesia

SOMMAIRE

INTRODUCTION

Sans les arbres, notre monde serait inimaginable ! Les arbres sont les êtres vivants les plus anciens – et les plus grands ! Ils peuplent la Terre depuis 370 millions d'années. On en compte 80 000 espèces mais, en dépit de leur étonnante diversité, ils partagent une même identité botanique. Un arbre est une plante vivace, autonome, capable d'atteindre une grande hauteur, avec un tronc unique, des racines et des branches qui poussent d'année en année.

Depuis qu'ils sont apparus sur la planète, les arbres jouent un rôle inestimable dans la régulation du climat, en absorbant le dioxyde de carbone de l'atmosphère puis en rejetant de l'oxygène. Depuis des siècles, l'homme a recours aux arbres pour se chauffer, pour construire ses lieux d'habitation, fabriquer des meubles et des outils, pour se soigner et pour se nourrir. Les arbres font appel à quelque chose de plus profond encore dans l'âme humaine : ils répondent à un besoin d'ordre spirituel. Ils sont objets de culte depuis des milliers d'années, ils figurent dans la plupart des grandes religions ainsi que dans de nombreux mythes et légendes. Leur beauté inspire nos poètes et nos artistes. Le livre que voici rend hommage aux arbres du monde entier, à travers leur majestueuse beauté, leur étonnante diversité et la palette prodigieuse des ressources qu'ils offrent à l'homme.

LES ARBRES,
MERVEILLES DE LA NATURE

QU'EST-CE QU'UN ARBRE ?

Le premier arbre s'est développé il y a plus de 370 millions d'années sous la forme de l'Archaeopteris, un arbre accompli avec un tronc en bois, des branches issues de ce tronc comme dans les arbres d'aujourd'hui, et un dispositif de racines. L'émergence de l'Archaeopteris comme forme végétale déployée a joué un rôle essentiel dans l'évolution de l'écosystème, diminuant les hauts niveaux de dioxyde de carbone et créant les conditions favorables à l'apparition des animaux terrestres.

Ci-contre : la souche noueuse d'un vieux platane, très proche du platane hybride à feuilles d'érable, une espèce très répandue dans les villes en raison de sa résistance à la pollution.

Aux époques suivantes, les arbres prospérèrent. Les conifères, les fougères arborescentes et les ginkgos apparurent pendant le trias (il y 245 à 208 millions d'années). Beaucoup d'arbres actuels datent de l'ère tertiaire (entre 65 à 2 millions d'années). Les arbres sont toujours des formes de vie très adaptées. Dans de nombreuses parties du monde, leur évolution est à ce point aboutie qu'une terre laissée en friche serait bientôt reconquise par les arbres.

Le tronc, qui est une spécificité de l'arbre, représente environ 60 % de la masse. Le tronc est la clé de la survie, c'est lui qui permet à l'arbre d'accéder à la lumière, qu'il transforme pour s'en nourrir grâce à un processus appelé la photosynthèse. Plus l'arbre porte haut ses feuilles, plus facile est pour lui l'accès à la lumière. Le tronc ainsi que les branches participent au système interne de transit. Ils acheminent vers les feuilles l'eau captée par les racines. Le tronc diffuse à toutes les autres parties de l'arbre les nutriments produits par les feuilles. Curieusement, les seules cellules vivantes du tronc et des branches se trouvent juste sous l'écorce, dure et imperméable. Cela explique que certains arbres puissent avoir un tronc creux et, cependant, continuer à vivre.

Les feuilles constituent le dispositif par lequel l'arbre produit sa propre nourriture. Les feuilles contiennent de la chlorophylle, un pigment de couleur verte qui absorbe la lumière du soleil. Cette énergie est transformée en nutriments par la photosynthèse, au cours de laquelle les feuilles assimilent l'oxyde de carbone et le changent en oxygène. Les feuilles varient de taille et de forme, depuis la fine aiguille des conifères jusqu'aux larges feuilles immenses de l'arbre du voyageur, originaire de Madagascar, qui atteignent trois mètres de longueur. On distingue souvent les arbres selon la largeur de leurs feuilles. Une autre classification fait la différence entre les arbres à feuilles caduques, qui perdent toutes leurs feuilles en automne, et les arbres à feuilles persistantes, qui n'en perdent qu'une partie tout au long de l'année. Ces derniers ont des feuilles coriaces, qui résistent à la sécheresse comme au froid extrême. Dans tous les cas, les feuilles remplissent toujours les mêmes fonctions.

Les racines représentent, comme les branches, environ 20 % de la masse. Elles servent d'ancrage dans le sol à la structure extérieure. Elles extraient du sol l'humidité et les sels minéraux. Malgré leur taille souvent très impressionnante, la plupart des arbres ont des racines peu profondes, ne plongeant pas à plus de 60 centimètres dans le sol. Cela les rend évidemment vulnérables, une tempête pouvant suffire à les arracher. En revanche, si elles pénètrent peu en profondeur, les racines se propagent et rayonnent loin autour du tronc, devenant de plus en plus fines à mesure qu'elles s'en éloignent, jusqu'à former parfois un réseau deux fois plus large que la couronne de l'arbre, c'est-à-dire la masse apparente de ses branches et de ses feuilles.

Certaines espèces d'arbres ont développé différents types de racines pour s'adapter à l'environnement. Les arbres des forêts tropicales ont des racines superficielles afin de recueillir les nutriments en surface avant qu'ils ne soient entraînés par l'eau. Ce sont des racines-contreforts qui poussent autour du tronc, au-dessus du sol, et qui étayent l'arbre à la manière des arcs-boutants d'une cathédrale. D'autres arbres se sont adaptés aux sols détrempés, tel le cyprès chauve des marais qui produit des racines qui sortent de l'eau, appelées « pneumatophores » ou « genoux racinaires ». Les mangroves parviennent à vivre dans l'eau salée grâce à leurs racines-échasses (issues du tronc) et à leurs racines aériennes (qui partent des branches). Ces racines recueillent l'oxygène nécessaire pour dessaler l'eau avant de la faire circuler dans l'arbre. D'autres arbres, dont le ficus ou figuier pleureur, ont développé des racines-piliers. Ce sont des racines à croissance rapide que l'arbre produit depuis les branches en direction du sol, où elles s'enfoncent pour former un support comparable à des piliers. Un exemple tout à fait impressionnant d'arbre à racines-piliers est le célèbre banyan du Jardin botanique de Calcutta, dont on dit qu'il est vieux de 250 ans. Il couvre une surface au sol large de 275 mètres et développe une canopée de 420 mètres. Il est soutenu par 2 800 racines-piliers qui le font ressembler à une véritable forêt plus qu'à un arbre isolé.

La pollinisation, qui permet aux arbres de se reproduire, se déroule selon divers processus. Les insectes sont les principaux pollinisateurs mais, dans les régions froides du Nord, où les insectes sont rares, les arbres comptent sur le vent, comme de nombreux arbres des régions tempérées, tels que les noisetiers et les bouleaux, qui produisent des chatons abondamment recouverts de pollen, que le vent détache et emporte au loin. Dans la zone tropicale, les oiseaux sont aussi d'importants pollinisateurs. De nombreux arbres, comme le jacaranda, avec ses délicates fleurs mauves, ou le frangipanier ont des fleurs aux couleurs ou au parfum saisissants pour attirer les oiseaux et les insectes. Moins connu est le rôle des chauves-souris, agents pollinisateurs de plusieurs essences comme le calebassier d'Amérique du Sud et le tulipier d'Afrique. Ces arbres ont de grandes fleurs qui s'ouvrent la nuit venue, au parfum puissant, parfois peu plaisant. La girafe et le maki, qui se nourrissent de feuilles, peuvent également participer à la pollinisation.

Une fois pollinisé, l'arbre doit disperser ses graines aussi efficacement que possible pour la survie de l'espèce. Diverses stratégies en favorisent la diffusion. Beaucoup d'arbres produisent des graines en abondance, car les chances qu'une graine devienne un arbre sont bien minces. Un hêtre, pourtant, ne

Ci-dessous : chênes recouverts de mousse et de lichen (forêt de Wistmans, dans le Devon en Angleterre).

produit vraiment toutes ses graines (que l'on nomme les faînes) qu'environ une fois tous les cinq ans, les années de grande faînée. De nombreux arbres donnent des fruits ou des baies qui constituent des réceptacles comestibles destinés à leurs graines pour inciter les oiseaux, les écureuils, les singes – mais aussi l'homme – à les consommer et à disperser ainsi noyaux et pépins. D'autres encore en produisent de tailles diverses, de la pigne à la noix de coco. Les animaux qui vivent dans les arbres, tels les singes et les écureuils, dispersent activement ces amandes. Dans la forêt amazonienne, dont une grande partie est immergée toute l'année, certains arbres comptent sur les poissons pour manger et disperser leurs graines. Certaines espèces, le sycomore et le frêne notamment, fabriquent des *samares* – graines munies d'une excroissance en forme d'hélice –, afin que le vent les porte au loin.

Les arbres poussent dans les environnements les plus divers, des confins arides des déserts aux mangroves tropicales. Seules les glaces et les froids de l'Arctique et de l'Antarctique les rebutent.

Il existe trois grands types de forêts : tropicale, boréale et tempérée. Les forêts tropicales se développent de part et d'autre de l'équateur en Afrique, en Asie, en Amérique du Sud, en Australie et aux Caraïbes. Par opposition, les forêts boréales, où dominent les conifères, occupent les régions froides du Nord, où les arbres doivent affronter des hivers longs et rudes, avec des températures de -70 °C. L'inclinaison caractéristique des conifères permet à la neige de glisser au sol sans endommager les branches. Les forêts tempérées, souvent riches en arbres à feuilles larges, se trouvent principalement dans l'hémisphère Nord, dans les zones de climat modéré.

Souvent, dans les forêts tempérées, une seule espèce domine, on parle alors de chênaie, de hêtraie ou encore de forêt d'érables. Dans les forêts tropicales humides, en revanche, de nombreuses espèces se côtoient. Sur une surface de la taille d'un terrain de football, une forêt tempérée peut compter dix arbres, tandis que la forêt tropicale peut en présenter deux cents types différents. Malgré leur grande diversité, beaucoup d'arbres des forêts tropicales humides se ressemblent, avec de minces troncs étayés par des racines-contreforts, des couronnes plutôt étroites et des feuilles persistantes. Toutes ces caractéristiques reflètent la lutte pour l'espace vital et pour la lumière dans le milieu tropical.

Les palmiers, arbres tropicaux par excellence pour la plupart d'entre nous, sont des plantes monocotylédones, c'est-à-dire dont la graine ne contient qu'une « feuille ». Les feuilles des arbres tropicaux sont généralement pointues, afin d'expulser l'excès d'eau lors des pluies torrentielles. La chaleur et l'humidité ambiantes font que les arbres tropicaux sont ceux qui se développent le plus vite.

Ci-contre : les couleurs vives du feuillage tranchent sur le calcaire gris clair.

ARBRES VÉNÉRABLES, ARBRES GÉANTS

Les arbres sont les champions de la longévité, grâce aux arbres des régions tempérées, notamment, qui peuvent vivre plusieurs siècles. Mais ne nous y trompons pas, gigantisme n'est pas synonyme de grand âge. Longtemps, les séquoïas géants de Californie sont passés pour les arbres les plus vieux du monde. Nous savons désormais que, si certains séquoïas ont atteint un âge respectable, ils ne sont pas les arbres les plus vieux de la planète. En fait, les arbres qui vivent le plus longtemps n'atteignent pas la hauteur d'autres espèces cependant plus jeunes.

On évalue couramment l'âge des arbres à tronc apparent en comptant leurs cernes de croissance. Cette méthode implique toutefois soit d'abattre l'arbre, soit de recourir à une sonde pour extraire du bois du tronc. Toutes les espèces ne possèdent pas des cernes de croissance réguliers et beaucoup de très vieux arbres sont creux ; le décompte des cernes n'est donc absolument pas la méthode la plus fiable.

La Californie est la patrie des arbres les plus vieux au monde. Il existe un massif de pins bristlecone (dont le nom latin, *Pinus longaeva*, évoque la longévité) dans les White Mountains de Californie, que le Dr. Edward Schulman a étudié pendant plus de vingt ans. En 1957, il découvrit que certains de ces arbres ont plus de 4 000 ans, l'un d'eux, surnommé Mathusalem en référence au patriarche de la Bible (qui aurait vécu 969 ans…), ayant dépassé les 4 700 ans. Contrairement à beaucoup d'autres vieux arbres, les pins bristlecone ont conservé leur cœur, de sorte que Schulman put en prélever des échantillons et compter les cernes de croissance. La longévité de ces pins est liée à l'âpreté de leur environnement. Poussant en haute altitude dans des montagnes semi-arides, le pin bristlecone est une espèce à croissance lente extrêmement robuste. Dans les environnements les plus sévères, les arbres cessent leur croissance à environ 9 mètres pour se tordre sur eux-même dans des formes très tourmentées, ne portant plus que quelques branches vivaces avec des feuilles.

Ci-dessous : les racines de la mangrove rouge plongent dans le sol inondé, mais le tronc et les feuilles sont à l'air libre. Les racines pivotantes filtrent le sel et permettent aux végétaux de survivre dans les eaux des deltas et des côtes.

Un if peut vivre plus de 1 500 ans et le record de longévité est attribué à un if du cimetière de Fortingall à Glen Lyon, dans le Perthshire en Écosse, dont l'âge estimé est de 3 000 à 5 000 ans. L'arbre fut mesuré en 1769, alors que sa circonférence atteignait 16 mètres ; aujourd'hui, seule subsiste la couche superficielle de son énorme tronc. Les chênes, bien entendu, dans leur imposante noblesse, sont souvent réputés vivre très vieux, et nombre d'entre eux, en Europe, sont gratifiés d'un âge qui excède quinze siècles. Le plus vieux chêne français, appelé le « chêne millénaire », se trouve à Allouville dans le pays de Caux en Normandie. À la fin du XVIIe siècle, le curé de la paroisse installa deux chapelles à l'intérieur de son tronc. Il aurait au moins 1 200 ans et échappa plusieurs fois à la destruction, notamment pendant la Terreur, alors que des révolutionnaires voulaient l'incendier.

Dans le monde entier, les vieux arbres sont de vivants symboles qui rappellent des événements fort divers : sacres, conversions miraculeuses, batailles, pendaisons… Jadis, les arbres servaient aussi, bien sûr, de bornes frontalières et constituaient des points de rencontre. L'un des ginkgos les

plus vieux du Japon se trouve dans le temple bouddhique de Zempukuji puisqu'au Japon le Bouddha est supposé avoir connu l'illumination sous un ginkgo et non sous l'arbre Bô (un figuier) comme dans le bouddhisme indien. On dit que cet arbre, impressionnant par sa circonférence d'environ 10 mètres, a été planté en 1232.

Parmi les arbres anciens – en France comme dans d'autres pays européens – beaucoup sont des vestiges des forêts royales ou seigneuriales. La forêt ancienne est un précieux milieu naturel, présentant une flore plus riche que les forêts plus récentes. Les vieilles forêts à essences variées abritent une diversité bien plus grande de mammifères, d'oiseaux, d'insectes, de champignons, de mousses et de lichens que les milieux forestiers récents.

Au siècle dernier, une découverte étonnante fut celle d'un « fossile vivant », un arbre que l'on ne connaissait auparavant qu'à travers ses débris fossilisés. On a trouvé le séquoia oriental dans une région de Chine très reculée et c'est seulement lorsque quelques spécimens de ses feuilles parvinrent à un laboratoire de Beijing (Pékin) en 1946 que le rapprochement fut fait. Cet arbre majestueux, avec son superbe feuillage d'automne rose orangé, est protégé en Chine, et il est désormais prisé, à titre ornemental, en Europe et en Amérique du Nord.

L'être vivant le plus grand au monde en termes de volume est encore un arbre, le séquoia géant dit « du général Sherman », qui se trouve dans le Sequoia National Park, en Californie. Avec ses 82,6 m de hauteur et son diamètre de 8,2 m, on a calculé qu'il contient assez de bois pour donner près de 180 kilomètres de planches ! La Californie est également fière de détenir l'arbre le plus haut du monde, un séquoia côtier connu sous le nom de *Stratosphere Giant*, qui mesurait 112,83 m en 2004. L'arbre le plus haut de France est un sapin pectiné qui se trouve dans le Doubs ; mais il ne mesure « que » 55 mètres. Mais combien de ces vieux géants, de par le monde, ont dû périr sous la hache au fil des siècles !

Ci-dessus : coucher de soleil sur le Madre de Dios, en Amazonie.

ARBRES UTILES

Un simple coup d'œil dans n'importe quelle pièce d'une maison suffit à mesurer le rôle des arbres dans la vie des hommes. Nos maisons sont remplies de meubles en bois, nos livres et nos journaux sont fabriqués à partir de pâte de bois, tandis que bon nombre de nos aliments, dont les bananes, les pommes et les oranges nous viennent des arbres.

Les arbres ont joué, depuis longtemps, un rôle important dans le commerce. Le goût des Européens pour les épices coûteuses comme la noix muscade, qu'on ne trouve que sous les tropiques, a motivé pour partie les conquêtes coloniales. L'histoire de quelques produits liés aux arbres donne une image saisissante du rôle des arbres dans les civilisations.

La Chine est le berceau de la soie, l'une des fibres textiles connues les plus anciennes. Elle est fabriquée à partir du cocon du ver à soie et, depuis au moins 5 000 ans, les Chinois cultivent le mûrier blanc, dont les vers à soie se nourrissent exclusivement. Un vieux proverbe chinois dit : « Patience et ténacité changent les feuilles du mûrier en robes de reine. » La soie, qui habillait les empereurs et leur cour, devint une matière première recherchée, d'où l'expression de Route de la Soie, un couloir commercial essentiel entre la Chine et l'Occident qui s'ouvrit au Ier siècle avant notre ère. Le secret de la fabrication de la soie fut farouchement gardé par les Chinois et les Perses mais, vers le VIe siècle, la recette parvint en Europe. Au fil des siècles, diverses tentatives furent opérées pour développer l'industrie de la soie en Europe. En 1608 en Angleterre, Jacques Ier décréta que « chaque sujet anglais devrait planter un mûrier », et l'on distribua gratuitement des graines. Un hectare et demi de mûriers fut planté à l'emplacement de l'actuel palais de Buckingham. L'échec résulta du fait que les Anglais utilisèrent le mûrier noir et non le blanc – le seul à convenir au ver à soie. En France, c'est à la fin du XVe siècle que des mûriers furent importés et au XVIe siècle que Lyon devint la capitale de la soie.

Au XIXe siècle, une tentative plus fructueuse fut faite en Grande-Bretagne pour cultiver un arbre réputé utile. Le caoutchouc, que l'homme utilise à tout propos – des pneus aux élastiques –, est élaboré à partir de la sève épaisse de plusieurs plantes. Les Indiens d'Amérique du Sud passent pour avoir été les premiers à découvrir ses propriétés. C'est à partir du XVIIIe siècle que l'Europe commença à s'intéresser à l'imperméabilité et à l'élasticité du caoutchouc. En 1839, la découverte par l'Américain Goodyear de la vulcanisation, qui augmente la résistance du caoutchouc, améliora considérablement les ressources commerciales de cette matière. On constata que le meilleur arbre à caoutchouc était l'hévéa, originaire du Brésil, où il pousse à l'état sauvage dans la forêt tropicale. De sorte que le Brésil connut une montée en flèche du commerce du caoutchouc. Les Britanniques entreprirent de cultiver l'hévéa dans leurs colonies de l'Asie du Sud-Est. Les premiers essais furent difficiles, mais les efforts furent récompensés, avec plus d'un million de jeunes plants développés sur la péninsule malaise en 1899. En conséquence, les Anglais introduisirent la culture de l'hévéa sur plusieurs continents, portant gravement atteinte à l'économie du Brésil. Jadis producteur de 98 % du caoutchouc mondial, le Brésil n'en produit plus que 5 %. Aujourd'hui encore, la culture de l'hévéa couvre plus d'un million d'hectares en Asie du Sud-Est. En Europe, les besoins en caoutchouc s'accrurent avec l'essor de l'industrie automobile. La consommation des pneumatiques créa un marché florissant – John Boyd Dunlop fit breveter son invention en 1888 et, trois ans plus tard, les frères Michelin développèrent le pneu démontable.

Dans le monde entier, depuis des siècles, toutes sortes d'arbres sont réputés pour leurs vertus médicinales. Le ginkgo a joué un rôle essentiel dans la thérapeutique chinoise, tandis qu'en Inde le margousier est estimé pour l'huile essentielle produite à partir de ses graines et pour un fortifiant extrait de son écorce. L'écorce et les feuilles du saule étaient utilisées comme antalgique en médecine traditionnelle ; du principe actif, l'acide salicylique, on a tiré l'aspirine. L'un des médicaments issus des arbres les plus célèbres est la quinine, extraite de l'écorce du quinquina péruvien. Les Indiens du Pérou avaient une grande connaissance des vertus de cet arbre, l'utilisant pour les maladies de peau et les affections intestinales. En 1633, un moine vivant au Pérou décrivit comment moudre l'écorce de quinquina et l'utiliser en poudre contre la fièvre. Peu à peu, en dépit du mandarinat médical

Ci-dessous : les fleurs du pommier sont conçues pour attirer les insectes pollinisateurs. Les arbres dont la pollinisation est assurée par le vent ont des fleurs moins voyantes mais produisent plus de pollen.

européen, l'efficacité de la quinine contre la malaria s'imposa. Les jésuites, très actifs en Amérique du Sud, en organisèrent habilement la récolte et l'exportation vers l'Europe, où la quinine était connue sous les noms d'*écorce* ou de *poudre des jésuites*. Parmi les patients fortunés qui utilisèrent le nouveau remède au goût amer, se trouvait la comtesse El Cinchon, épouse du vice-roi espagnol du Pérou, d'où le nom de *Cinchona officinalis* donné à la quinine. On dit que le roi d'Angleterre Charles II, lui aussi, fut guéri du paludisme par un « médicament secret » qui n'était autre que la quinine. À la fin du XVIIIe siècle, c'est à partir d'une expérience réalisée sur lui-même avec la quinine que l'Allemand Samuel Hahnemann mit au point la théorie de l'homéopathie. À mesure que les États européens étendaient leurs possessions en zone tropicale, le marché de la quinine augmenta. Dès la fin du XVIIIe siècle, on craignit que le quinquina, surexploité, ne disparût des forêts péruviennes. S'ajoutant au coût de l'importation depuis l'Amérique du Sud, cette crainte justifia, en 1858, l'expédition mise sur pied conjointement par l'Office des Indes britanniques et le Jardin botanique royal de Kew à Londres, en Angleterre. Celle-ci fut confrontée à bien des tribulations mais, en décembre 1860, un membre de l'expédition, le botaniste Richard Spruce, parvint à expédier plus de 600 plants de quinquina et près de 100 000 graines à Londres. Les Anglais furent dès lors en mesure d'implanter le quinquina en Inde, tandis que les Hollandais introduisaient une variété de quinquina à haut rendement en Indonésie. De nos jours, on cultive toujours le quinquina et son écorce est recueillie selon des méthodes qui n'ont pratiquement pas changé depuis un siècle et demi. Le parasite responsable du paludisme ayant développé des résistances aux molécules de synthèse, l'intérêt de la quinine reste d'actualité.

Les arbres sont encore à la base de nombreux aliments et de boissons, du chocolat, tiré des cosses du cacaoyer, jusqu'aux noisettes, en passant par les noix, les pignons et les noix de pécan. La famille des palmiers constitue une source particulièrement riche, avec les noix de coco, les dates, le sagou, le sucre et le vin de palme, et les cœurs de palmier. Une autre boisson très consommée dans le monde est le café. Le caféier est d'origine africaine, et l'Éthiopie est traditionnellement considérée comme le berceau de cette préparation de couleur sombre, amère, qu'est le café. Selon une légende éthiopienne, vers l'an 300 de notre ère, un gardien de chèvres nommé Kaldi remarqua que ses bêtes étaient particulièrement alertes lorsqu'elles avaient mangé les baies d'un certain arbre. Il les goûta et se sentit, lui aussi, en pleine forme. Il s'agissait, bien entendu, de fèves de caféier, dont on découvrit qu'en les séchant et en les faisant griller on en tirait une boisson savoureuse. Le premier établissement dit « café » ouvrit ses portes en 1555 à Istambul. Partie du Moyen-Orient, la renommée du café atteignit l'Europe au XVIIe siècle. Des cafés ouvrirent leurs portes en Italie, en Autriche, en Angleterre, en France et ailleurs. En 1689, à Paris, fut fondé le célèbre café Procope, qui existe encore aujourd'hui. Cette boisson fut remarquée pour ses vertus toniques. Pasqua Rosee, propriétaire de l'un des premiers cafés britanniques, déclarait même que son café « active la digestion, aiguise l'esprit, soigne les maladies oculaires, l'hydropisie, la goutte et les écrouelles » *(sic)*. Le café devint une boisson à la mode en Europe – un marché prometteur qui incita les Hollandais à planter des caféiers en Indonésie, et les Espagnols aux Caraïbes, en Amérique centrale et au Brésil, qui reste encore aujourd'hui le plus grand producteur mondial.

Page précédente : les racines-contreforts sinueuses d'un palmier de Cunningham.

Ci-contre : l'épicéa de Sitka pousse dans le parc national de Sitka, en Alaska. Avec l'épicéa blanc, il partage l'habitat le plus septentrional du continent américain.

LE BOIS

Les arbres sont l'une de nos plus précieuses richesses renouvelables. Tout au long de notre histoire, le bois a été utilisé pour le chauffage, la construction des maisons, la fabrication des meubles et pour bien d'autres usages encore. Par ses propriétés spécifiques, le bois de chaque essence se prête à un usage particulier : pour construire églises et cathédrales, rien de plus résistant que les poutres en chêne ; et le buis, pour sa fibre délicate et dure, fit merveille pour la gravure sur bois et les petits objets tournés à la main comme les pièces de jeux d'échecs et les petits mécanismes. L'if, qui est dense mais souple, a servi traditionnellement pour les arcs et les lances : l'un des objets en bois les plus vieux au monde est une lance en if découverte en Angleterre, datant d'environ 150 000 ans. L'un des bois les plus légers est le balsa, qui ne pèse que 9 kilos par mètre cube ; sa capacité à flotter fait du balsa le bois idéal pour les radeaux et les flotteurs. Le bois de teck, particulièrement dense, est apprécié pour sa beauté et sa résistance ; on en fait des meubles. L'acajou, qui vieillit bien et résiste aux parasites, provient d'espèces originaires d'Amérique du Sud et d'Amérique centrale. L'ébène, un bois qui provient de plusieurs arbres différents, est surtout célèbre pour fournir les touches noires des pianos.

Nous avons beau vivre à l'ère du plastique et du métal, nombre de métiers traditionnels continuent d'utiliser le bois pour ses propriétés. L'épicéa – léger, solide et souple à la fois – et l'érable sont les bois de base pour la fabrication des violons. Les facteurs de violons préfèrent le bois d'arbres vieux, qui ont poussé en altitude. L'arbre doit être coupé durant la saison froide, quand il hiberne, et il doit ensuite sécher pendant plusieurs années. La cité de Venise abrite une poignée d'ateliers de construction de gondoles qui poursuivent leur activité. Selon la tradition, les gondoles étaient construites en chêne ; les arbres avaient été incurvés sur pied afin d'obtenir un bois dont la fibre fût régulière sur toute la courbure. De nos jours, cependant, différents bois sont utilisés pour la construction des gondoles, depuis le chêne, l'orme et le mélèze, jusqu'au sapin. La *forcola* (la dame de nage de la gondole) à la forme si particulière, un chef-d'œuvre de conception et d'esthétique, est faite en noyer et ciselée par une corporation distincte d'artisans uniquement spécialisés dans la réalisation de cette pièce unique.

La pratique de l'élagage remonte au néolithique, quand l'homme découvrit que des branches bien droites poussaient en abondance de certains arbres (le noisetier, le bouleau, le frêne) si on les coupait régulièrement au niveau du sol ou juste au-dessus. Cette opération n'est pas seulement rentable à court terme, elle prolonge vraiment la vie des arbres. Le délai entre les coupes varie selon l'essence de l'arbre et l'usage prévu de son bois, de sorte que le bouleau destiné à fournir les manches à balais peut n'être élagué que tous les dix ou quinze ans, alors que le frêne dont on fait les cannes pour la marche doit l'être tous les quatre à sept ans. Jadis, la coupe du bois se faisait à la fin de l'automne ou en hiver, hors de la saison agricole, avant la montée de sève du printemps. L'élagage procurait du bois à l'industrie comme au monde rural. Dans les années 1850, l'industrie textile en Angleterre – premier pays à connaître la Révolution industrielle – consommait un milliard et demi de bobines par an, dont la moitié environ provenait du bois d'élagage de bouleaux et d'aulnes. Les pousses de jeunes saules ont servi à tresser des paniers depuis les temps les plus reculés, selon une technique connue des Égyptiens de l'Antiquité. Au début du XIXe siècle, Napoléon imposa un blocus sévère à l'Angleterre, la contraignant à développer sur son territoire la culture du saule, qu'elle importait autrefois des Flandres. On utilisait à l'époque les tiges de saule pour le tressage des paniers – indispensables pour le transport des denrées sur les marchés –, des claies et des nasses.

Ci-dessus : la culture d'arbres en pot, appelés bonsaïs, a son origine en Chine. Les Japonais en ont fait un art, qui consiste à obtenir un arbre miniature qui ressemble pourtant, en tous points, à un arbre normal.

L'étêtage constitue un autre mode traditionnel d'entretien des arbres, qui consiste à écourter les branches de leur feuillage ou de leur bois entre deux et cinq mètres au-dessus du sol, à périodes régulières. Cela rend les arbres vigoureux et productifs dans les zones de pâturage et les parcs où viennent les bêtes. L'étêtage comme l'élagage, pratiqués selon les règles, profitent aux arbres et augmentent leur longévité.

L'humanité cultive les arbres depuis de très nombreux siècles. L'Égypte antique cultivait le santal pour en extraire l'encens, et les oliveraies comptent parmi les plantations les plus anciennes. On comprit bientôt que l'utilisation du bois de coupe devait être faite de façon

pondérée : en 1664, déjà, l'écrivain et chroniqueur anglais John Evelyn écrivit son *Sylva – Traité sur les arbres forestiers et sur le bois d'œuvre* pour dénoncer la surexploitation des arbres et encourager le reboisement. L'ouvrage de John Evelyn constitua une référence très importante dans la formation du naturaliste français Buffon. En 1739, dans son article « Mémoire sur la conservation et le rétablissement des forêts », il écrit : « Le bois qui était autrefois très commun, maintenant suffit à peine aux usages indispensables et nous sommes menacés pour l'avenir d'en manquer absolument. » Le plaidoyer d'Evelyn et l'avertissement de Buffon sont toujours d'actualité. Les conifères à croissance rapide sont élevés intensivement pour le commerce du bois, et l'on en tire la pulpe pour fabriquer la pâte à papier. Les plantations, qui consistent dans l'exploitation d'une seule espèce, notamment des conifères, n'offrent pas la même diversité écologique qu'une zone boisée durable. L'absence de continuité, qui caractérise les plantations intensives, réduit le développement de la vie sauvage. De plus, beaucoup de ces plantations privilégient les essences exotiques, ce qui contribue à limiter la biodiversité. En règle générale, dans un écosystème, la variété des invertébrés et des champignons est en proportion de l'ancienneté de l'essence végétale, d'où la richesse écologique due aux chênes dans les campagnes européennes qui en abritent, et notamment la campagne anglaise. C'est pourquoi, peu à peu, s'impose la nécessité d'une politique forestière durable.

LES ARBRES DANS LES MYTHES, LA RELIGION ET LES TRADITIONS

Les relations de l'homme et de l'arbre ont, de tout temps, revêtu une dimension spirituelle. L'idée d'un bois sacré, dans lequel on connaissait l'illumination et le contact avec les esprits, se retrouve dans de nombreuses civilisations, dans la Grèce antique comme chez les premiers habitants du continent américain. Le Bouddha vécut l'extase alors qu'il était assis sous un arbre Bô ; le temple d'Anurâdhapura au Sri Lanka abrite un Bô réputé être l'arbre authentique du Bouddha. La Grèce antique croyait les arbres habités d'esprits féminins, les dryades, telle Eurydice, épouse d'Orphée. La nymphe Daphné se transforma en laurier pour échapper aux avances du dieu Apollon ; ce dernier, accablé de douleur, déclara que dorénavant une tresse de laurier couronnerait les vainqueurs. Pour les Grecs, certains arbres étaient associés aux dieux : le chêne comme l'arbre de Zeus, en raison peut-être de la foudre (symbole de Zeus) qui le frappe volontiers. Dans les traditions populaires européennes, les feuilles de houx éloignaient la foudre et, planté près d'une maison, le sorbier des oiseleurs conjurait les esprits malfaisants. Danser autour d'un mât enrubanné vient de la fête du printemps, une célébration de la fertilité de la Terre qui comprenait la recherche, dans la forêt, de l'arbre dont on tirait le mât.

Dans la mythologie scandinave, Yggdrasil, le plus majestueux des frênes, est le pilier des neuf mondes. L'arbre, avec ses racines invisibles mais vitales, est une image puissamment évocatrice de la vie, avec ses ramifications, une idée que l'on retrouve dans la représentation de l'arbre généalogique.

Ci-contre : les pins couvrent une île du Pacifique au large de la Nouvelle Calédonie, à l'image de ce que devait être la Terre avant la venue de l'homme.

Dans le christianisme aussi, l'arbre est présent. C'est pour avoir mangé le fruit de l'Arbre de la connaissance du Bien et du Mal qu'Adam et Ève furent chassés du paradis ; et le Christ, pour sauver l'humanité, mourut sur une croix en bois.

Les arbres à feuilles pérennes, comme le houx avec ses baies rouge sang, sont honorés dès le paganisme comme symbole de vie et de renaissance jusque dans les mois froids et sombres de l'hiver. Bien des rites qui constituèrent ensuite la tradition chrétienne au fil des siècles, comme de faire brûler une bûche à Noël ou les rites de beuveries dans les vergers, remontent aux fêtes du solstice d'hiver de la période pré-chrétienne. De nos jours, à travers le monde, on fête Noël dans les foyers en dressant dans la maison un sapin – naturel ou en plastique – que l'on décore.

Depuis des siècles, on plante des arbres dans un but purement ornemental. Nombre des arbres qui agrémentent nos parcs et nos jardins, du cèdre du Liban au tulipier, ont été importés de pays très éloignés, voire d'autres continents. Dans l'Europe des XVIIe et XVIIIe siècles, explorateur botaniste devint une profession ; des expéditions, longues et souvent hasardeuses, furent engagées par ces « chasseurs de plantes » pour rapporter de nouvelles essences des pays lointains.

En raison du temps que les arbres mettent à croître, le fait de les planter est souvent un geste destiné à la postérité. Quand on admire un vieux chêne sur les terres d'un manoir ou que l'on descend, à l'ombre, une avenue bordée de grands arbres, on ne peut qu'éprouver de la reconnaissance pour ceux qui entreprirent de planter des arbres qu'ils ne verraient jamais adultes. Aujourd'hui, les arbres sont un élément important de l'urbanisme pour leur capacité à réduire la pollution dans les villes saturées de circulation et à diminuer les risques d'inondation. Sous les climats chauds, les arbres constituent des parasols naturels, appréciés pour leur ombre. Les Romains bordaient les routes et les avenues pour protéger leurs troupes du soleil ; l'idée fut reprise par Napoléon. Les arbres mettent en valeur l'esthétique urbaine, et la cote immobilière des rues bordées d'arbres est plus élevée que celle des rues qui en sont dépourvues.

LES ARBRES EN DANGER

Aujourd'hui plus que jamais, sans doute, nous avons conscience de l'importance des arbres pour notre vie sur Terre. Malheureusement, un peu partout dans le monde, les forêts continuent de disparaître sous les scies et les tronçonneuses des bûcherons. On a calculé que 40 hectares de forêt disparaissent ainsi chaque minute. Dix pour cent des espèces d'arbres sur la planète sont menacés d'extinction. Une fois détruits, ces précieux écosystèmes ne peuvent être restaurés. Au lieu d'exploiter la forêt à court terme, l'humanité doit considérer l'avenir et travailler à la mise en œuvre d'une exploitation des arbres et de leurs ressources selon des principes de développement durable. Il est vital de prendre la mesure des richesses prodigieuses que nous offre notre planète et de traiter les arbres avec tout le respect qu'ils méritent.

CONIFÈRES

Ci-dessus : le ginkgo est un extraordinaire fossile vivant, l'unique survivant d'un groupe qui prospérait il y a 200 millions d'années, dont on a retrouvé des restes fossilisés. Le bouddhisme japonais le tient pour un arbre sacré, on le trouve dans les temples, tandis que les noix de ginkgo sont une gourmandise en Chine comme au Japon. Un ginkgo tient une place à part au Japon, où il y est connu comme le Ginkgo d'Hiroshima. À un peu plus d'un kilomètre du point d'impact de la bombe atomique qui fut larguée sur Hiroshima en 1945, cet arbre planté près d'un temple, détruit lors de l'explosion, bourgeonna au printemps suivant et devint un symbole national d'espoir. Le temple a été reconstruit autour de l'arbre en veillant à ne pas en gêner les racines et l'on a gravé sur son tronc une phrase qui signifie : « Plus jamais Hiroshima ».

Page ci-contre : l'if, à croissance lente, peut atteindre un grand âge – le record de longévité est attribué à un if du cimetière de Fortingall, en Écosse. En Angleterre et au Pays de Galles, au moins 500 cimetières paroissiaux possèdent ainsi de vieux ifs, souvent plus âgés que les églises elles-mêmes. Les ifs croissent naturellement dans le Midi de la France, mais c'est dans les cimetières du Nord de la Loire qu'on les trouve le plus souvent.

Ci-contre : depuis des siècles, les jardiniers plantent des arbres dans les parcs et les jardins pour leurs qualités ornementales. Ici, des rangées d'ifs rendent solennels les parterres du palais de Hampton Court, près de Londres. La topiaire, l'art de tailler les arbres et les arbustes selon des formes décoratives, date des Égyptiens et des Romains, et devint très populaire en Europe à partir de la Renaissance. Les jardins du palais de Versailles, aménagés au XVIIe siècle pour Louis XIV, sont l'un des exemples les plus célèbres d'art topiaire.

Ci-dessus : un genévrier particulièrement noueux signale une oasis aux confins de l'Éthiopie.

Page ci-contre : un genévrier solitaire en montagne. Arbre à croissance lente, le genévrier est apprécié pour son bois à la fois dur et fin, et pour sa senteur d'encens. Ses baies de couleur bleue sont utlisées en cuisine mais sont surtout connues comme ingrédient de l'alcool de genièvre et du gin.

Ci-contre : le tronc impressionnant du séquoia géant ou wellingtonia, originaire d'Amérique du Nord mais baptisé ainsi en l'honneur du général anglais Wellington. Cet arbre compte parmi les plus grands de notre planète. Alors que le séquoia était un arbre sacré pour les Indiens – les *Native Americans* –, les forêts californiennes de séquoias furent exploitées intensivement au XIXe siècle.

John Muir, à l'origine des parcs nationaux aux États-Unis et fondateur du Yosemite National Park en Californie, écrivait à propos des séquoias : « Même les plus imposants de ces monarques sont à ce point des modèles d'équilibre et d'harmonie qu'ils ne donnent jamais le sentiment d'envahir l'espace de façon excessive. »

Double page précédente : en Floride, ces cyprès des étangs (appelés aussi cyprès chauves) s'accommodent des sols détrempés en produisant des racines externes connues sous le nom de « genoux racinaires », qui poussent hors de l'eau ou du sol humide pour accéder à l'air libre. En automne, leur feuillage, qui ressemble à des aiguilles, change de couleur de façon spectaculaire.

Page ci-contre : une forêt de séquoias côtiers. Plus minces que les séquoias géants, ils atteignent toutefois de très grandes tailles et comptent parmi les arbres les plus hauts de la planète. Leur tronc, légèrement fuselé, n'a pas de branches jusqu'à 45 mètres, soit presque la hauteur de la Statue de la Liberté. On ne les trouve, aujourd'hui, que sur une étroite bande de côte en Californie et dans l'Oregon. Face à la menace des incendies de fôret, c'est une chance que ces arbres aient la capacité de se régénérer à partir de leur seule souche.

Ci-dessus : les cônes du séquoia côtier mesurent seulement 2 à 3 cm.

Page ci-contre : cet arbre gigantesque, qui semble toucher les nuages, est l'un des séquoias géants du King's Canyon National Park en Californie, connu sous le nom de séquoia du général Grant. Le titre d'arbre le plus grand du monde lui est disputé mais nul doute qu'avec sa circonférence de plus de 32,6 m et sa hauteur de 81,7 m, il est non seulement l'un des plus grands arbres du monde mais aussi, et par conséquent, l'un des êtres à la plus grande longévité du monde. On pense qu'il a entre 1 800 et 2 700 ans.

Ci-dessus : le cyprès de Lawson, ou faux cyprès, originaire d'Amérique du Nord, est connu dans plusieurs parties du monde, planté dans les parcs, les jardins et les haies. Il est réputé pour le grand nombre de ses variétés, qui présentent de très grandes différences de feuillage, de couleur et de forme.

Ci-dessus : deux pins d'Oregon (ou de Douglas) se dressent majestueusement dans les Scottish Highlands, en Écosse. Du nom du « chasseur de plantes » écossais David Douglas qui le rapporta d'Amérique, ce conifère est l'arbre le plus haut du Royaume-Uni, la place d'honneur revenant à deux spécimens écossais qui mesurent l'un et l'autre 62 mètres. Le pin d'Oregon fournit un excellent bois de construction, ce pour quoi il est exploité et largement utilisé en Europe, en Amérique du Nord, en Australie et en Nouvelle-Zélande.

Page ci-contre : ce sapin très ancien s'accroche aux pentes calcaires du mont Enos sur l'île grecque de Céphalonie. Cette variété peut pousser jusqu'à 1 000 mètres d'altitude.

Ci-dessus : attachant symbole de l'hiver que ces pommes de pin couvertes de neige de l'épicéa commun ou sapin de Norvège. En Europe, cet arbre n'est autre que le sapin de Noël, massivement cultivé pour cet usage. Aux temps les plus anciens, les arbres à feuilles persistantes jouèrent un rôle dans les fêtes religieuses saisonnières d'Europe du Nord car ils représentaient, au cœur de l'hiver, un symbole de fertilité. La tradition du sapin de Noël vit le jour en Alsace, en France, au XVIe siècle, puis s'étendit en Europe. C'est au XIXe siècle cependant qu'elle prit réellement son essor. En 1848, le prince Albert, époux de la reine Victoria, érigea un sapin de Noël au château de Windsor à Londres.

Page ci-contre : les rayons du soleil filtrant à travers une forêt de conifères offrent un spectacle saisissant.

Page ci-contre : ce pin dresse ses formes harmonieuses sur la toile de fond des montagnes Jaunes, en Chine. Depuis des siècles, les artistes chinois et japonais font leurs délices de la silhouette toujours singulière qu'offre le pin.

Ci-dessus : un pin bristlecone dans les White Mountains de Californie. L'âge de l'un de ces pins, surnommé « Mathusalem », a été évalué par les scientifiques comme supérieur à 4 000 ans, faisant de lui le plus vieil arbre vivant connu.

Double page précédente : ce pin de Jeffrey, battu par les vents, à la silhouette torturée, monte la garde sur le Sentinel Dome, dans le paysage majestueux du Yosemite National Park, en Californie ; une preuve de la capacité des arbres à croître dans les environnements les plus sévères.

Ci-contre : un pin bristlecone noueux et tourmenté, caractéristique des White Mountains en Californie, et l'un de ses cônes (ci-dessus). Cet arbre très résistant, à croissance lente, supporte l'environnement sévère de ces montagnes : on le trouve jusqu'à une altitude de 2 400 à 3 000 mètres, sous un climat où la température moyenne ne dépasse pas 10 °C, avec une pluviométrie annuelle de 30 cm. Quand ces arbres atteignent entre 4,5 et 9 mètres, ils cessent de grandir pour prendre ces formes extravagantes.

Ci-contre : une forêt de pins dans le nord-est de la Grèce. En Grèce et en Turquie, les forêts de pins abritent des ruches durant la période d'été. Celles-ci produisent un miel sombre et très parfumé, très prisé dans ces deux pays. En Grèce, la résine de pin est utilisée pour parfumer le retsina (résiné), donnant à ce vin un goût prononcé de pin.

Ci-contre : le pin sylvestre, qui est l'essence dominante des forêts de pins en Écosse, rehausse souvent des paysages rocailleux et tourmentés. On le plantait autrefois pour baliser le chemin des troupeaux et les carrefours. Le pin sylvestre est le bois tendre le plus résistant, largement utilisé de nos jours comme bois de construction. La grande quantité de résine que contient sa sève le rend imperméable. Cette qualité s'ajoutant à la longueur et à la régularité de son tronc l'ont désigné pour la construction des mâts et des espars de bateau.

Ci-dessus : les fleurs mâles couleur d'or du pin sylvestre répandent leur pollen au printemps puis se fanent.

Page ci-contre : un monumental pin de Corse poussant à 1 500 mètres dans le parc naturel régional de Corse, son île d'origine. Il se distingue du pin sylvestre par ses aiguilles à la fois plus longues et légèrement vrillées. Un pin de Corse planté sous Napoléon Ier dans le parc du château de Versailles a été victime de la violente tempête de 1999.

Ci-dessus : le pin recherche la lumière. Le bois des conifères est qualifié de tendre bien que certains de ces bois se révèlent plus résistants que celui des feuillus. Le pin, le pin d'Oregon et le cèdre sont des bois d'excellente tenue, tandis que l'aulne, le bouleau et le peuplier sont des essences au bois plus tendre.

Page ci-contre : le kauri est le plus tropical des conifères. On le trouve dans les forêts humides d'Asie du Sud-Est et dans les forêts subtropicales d'Australie et de Nouvelle-Zélande. Deux kauris géants, les deux plus grands arbres de Nouvelle-Zélande, étaient célébrés par la population maorie, qui les nommaient respectivement le Père et le Seigneur de la Forêt. Force est de constater que ces arbres majestueux ont survécu à deux siècles d'exploitation forestière tandis qu'ils ont vu nombre de leurs compagnons succomber à la scie des bûcherons.

Ci-dessus : le mélèze du Japon à feuilles caduques, originaire des montagnes du centre du Honshu, est l'un des plus importants bois d'œuvre au Japon, exploités intensivement dans tout le pays. Ses feuilles en forme d'aiguilles sont vert clair au printemps, s'estompant en gris-vert durant l'été et virant à l'orange en automne. On le cultive en bonsaï dans les jardins des temples.

Page ci-contre : les aiguilles des conifères tels que ce cèdre, les pins, les sapins, les épicéas, les mélèzes, les séquoias et les ifs sont des feuilles rudimentaires et compactes. Ces aiguilles nourrissent l'arbre aussi efficacement que les feuilles larges. Comme elles perdent moins d'eau, elles permettent à ces arbres de survivre dans des conditions où l'eau est rare.

Ci-dessus : ce magnifique cèdre du Liban, aux formes singulières, est l'essence la plus célèbre de la famille des cèdres, hôte familier des parcs et des jardins des grandes demeures. Son habitat naturel s'étend du mont Liban, en passant par les montagnes de Syrie, jusqu'aux monts du Taurus en Turquie, où il pousse en abondance. Le bois de cèdre est chargé d'évocations bibliques : le roi Salomon l'aurait utilisé pour construire son temple à Jérusalem. Son bois rosé et odorant était recherché pour les meubles précieux et pour la décoration intérieure.

Page ci-contre : les troncs recouverts de lichen de ces deux cèdres à encens plongent vers le ciel. Originaire d'Amérique du Nord, le bois brun clair, tendre et parfumé de cet arbre était utilisé pour la fabrication des bardeaux, des traverses, des portes, des châssis de fenêtre et des coffres.

FEUILLUS

Page ci-contre : saules en hiver. Il existe plus de 300 espèces de saule, et ses usages sont nombreux. Les battes de cricket – sport typiquement britannique – sont fabriquées à partir d'une essence de saule blanc, tandis que l'osier occupe toujours dans de très nombreux pays une place prédominante dans la fabrication des paniers. Vers 400 av. J.-C., Hippocrate prescrivait l'infusion de feuilles de saule contre la douleur ; l'aspirine, que nous prenons contre les maux de têtes, a pour principe actif un équivalent de synthèse de la salicine, une substance contenue naturellement dans l'écorce du saule.

Ci-dessus : la fleur duveteuse caractéristique du saule discolore annonce le printemps.

Double page précédente : on trouve en Chine, d'où il est originaire, au Japon et en Europe, les élégants saules pleureurs. Cet arbre figure sur les célèbres porcelaines chinoises à décor de saule. On pense que son introduction en Europe s'est faite par la Route de la Soie.

Ci-contre : rangées de peupliers, dans une exploitation espagnole. Le bois léger du peuplier n'est guère apprécié dans la construction mais sa flottabilité naturelle en a fait le bois des avirons. Le peuplier noir d'Italie, avec sa silhouette fuselée, est le plus connu ; on le plante un peu partout pour ses qualités ornementales. Les peupliers ont inspiré certains peintres impressionnistes français, notamment Claude Monet, qui en a représenté dans plusieurs de ses tableaux.

Double page précédente : une rangée de peupliers en Alsace envahis par le gui, l'un des nombreux épiphytes (plante qui croît sur une autre) qui se développent sur les arbres.

Page ci-contre : un charme écimé en Angleterre, où l'on élague habituellement cette espèce. Le bois du charme est extrêmement dur et lourd. Il était utilisé traditionnellement pour fabriquer les jougs. En raison de sa grande résistance à toute forme d'usure, ce bois est destiné à des usages fort divers : la fabrication des pianos comme des poulies ou encore des billots de boucher.

Ci-dessus : les troncs de ces bouleaux, sur les pentes de l'Himalaya, ont été incurvés par le poids de la neige.

Double page suivante : le bouleau argenté, avec son tronc blanc argent, est un hôte caractéristique de la forêt russe. Malgré leur frêle silhouette, les bouleaux argentés sont des arbres particulièrement coriaces, capables de résister à des périodes de sécheresse comme de froid extrême.

Ci-dessus : les mousses et les lichens recouvrent le tronc de ce bouleau argenté. Bien qu'il donne l'impression d'un grand âge, le bouleau est un arbre à croissance rapide qui ne vit pas très vieux. Il vit rarement plus d'un siècle.

Page ci-contre : un bouleau argenté sur fond de ciel bleu est une image saisissante. L'homme a destiné cet arbre à bien des usages : les Indiens taillaient leurs pirogues dans son écorce qui résiste à l'eau ; ses brindilles servaient à faire des balais ; en Europe de l'Est, la sève de bouleau est principalement utilisée dans la production du sucre.

Ci-contre : un groupe de trembles éclaire les montagnes Rocheuses d'une étonnante palette de couleurs d'automne. Les arbres à feuilles caduques perdent leurs feuilles en automne afin de conserver leur énergie durant les mois d'hiver. De l'Amérique au Japon, on se laisse séduire par les couleurs de l'automne – du jaune au rouge, en passant par l'orangé.

Double page précédente : une rangée de trembles, dans une prairie inondée, émerge des brumes matinales. Le tremble commun est connu pour sa faculté à s'accommoder de l'humidité. Le bois de tremble a été utilisé pour etayer les fondations de nombreux bâtiments de Venise.

Ci-dessus : une branche de tremble offre ses belles couleurs d'automne. Les feuilles du tremble, en raison de leur mode d'attache sur la tige, remuent même sous la brise la plus légère ; d'où le nom latin de l'arbre, *Populus tremula*. Dans le folklore gallois, on l'appelait l'arbre qui ne se repose jamais, maudit dans l'imaginaire populaire parce que la croix du Christ était faite de ce bois.

Page ci-contre : le soleil filtre à travers les branches d'un érable du Japon, un arbre très répandu et apprécié pour la forme de ses feuilles et pour ses couleurs d'automne.

Un splendide *Nyssa sylvatica* (ou tupelo – page ci-contre) et un érable (ci-dessus) offrent leurs couleurs d'automne. Les arbres à feuilles caduques, dans les régions tempérées, sont d'importants indicateurs des changements de saison. Ils sont en fleur et produisent leurs feuilles au printemps, se chargent de fruits en été, leur feuillage change de couleur à l'automne et ils perdent leurs feuilles l'hiver venu. Dès le retour du printemps, un nouveau cycle recommence.

Ci-contre : l'érable est particulièrement lié au Canada, puisque sa feuille palmée apparaît sur le drapeau canadien. La sève sucrée de l'érable à sucre est populaire au Canada et en Amérique du Nord pour le sirop qui en est tiré. La sève est recueillie entre fin mars et début avril, lorsqu'elle monte, puis est mise à bouillir et considérablement réduite. Quarante volumes de sève sont nécessaires pour élaborer un volume de sirop, ce qui justifie le prix élevé du véritable sirop d'érable.

Page ci-contre : un marronnier à fleurs rouges avec ses « chandeliers » de fleurs roses est un spectacle magnifique à la fin du printemps. Originaire de Grèce et du nord de l'Albanie, le marronnier commun pousse désormais dans toute l'Europe, où il est planté à titre ornemental. Dépassant souvent 30 mètres, c'est l'un des plus grands arbres à fleurs des zones tempérées. Jadis, on soignait les chevaux malades avec des marrons. En dépit de la confusion souvent faite, le marronnier n'a pas de rapport avec le châtaignier.

Ci-dessus : depuis des siècles et encore aujourd'hui, les marrons à la coque luisante font la joie des enfants… et des adultes. Un jeu d'origine anglaise, le conkers, consiste pour chaque joueur à percer un marron et à l'enfiler sur une ficelle. Deux joueurs s'affrontent face à face. Le Frappeur doit, à l'aide de son marron, frapper le marron du Teneur. L'objectif est de détruire complètement le marron de son adversaire. Il existe même des championnats du monde de ce jeu.

Ci-dessus : les marronniers se reconnaissent facilement à leurs grandes feuilles palmées qui s'épanouissent au printemps de leurs bourgeons bruns, brillants et collants.

Page ci-contre : depuis l'Antiquité, le châtaignier est apprécié pour son fruit comestible, à l'enveloppe sombre. Les Grecs l'ont rapporté du Moyen-Orient, dont il est originaire, et les Romains l'ont cultivé. L'utilisation de la châtaigne en cuisine est d'une grande variété, des gâteaux et entremets jusqu'aux pâtes et aux potages. En France, avec les châtaignes (appelées aussi marrons) on prépare les marrons glacés, selon un procédé très long qui consiste à confire les châtaignes en les plongeant à plusieurs reprises dans du sucre. En Grande-Bretagne, les châtaignes sont mélangées à de la chair à saucisse pour farcir la dinde de Noël.

Ci-dessus : les fruits triangulaires du hêtre, dans leur cupule épineuse, sont appelés les faines. Bien que les faines soient comestibles, elles servent surtout à nourrir les animaux, notamment les porcs.

Page ci-contre : le hêtre, avec son écorce lisse gris argenté, est un arbre élégant et bien-aimé en Europe, qui s'accommode d'un sol calcaire pauvre. Bien qu'il compte parmi les plus grands des feuillus, atteignant la taille de 40 mètres, le hêtre est connu pour avoir des racines peu profondes ; pour cette raison, il supporte mal les vents violents et vit rarement plus de 200 ans.

Double page suivante : en automne, une hêtraie est un endroit splendide, idéal pour la cueillette des champignons.

Le hêtre à feuilles pourpres, avec son feuillage lie-de-vin, est une bizarrerie de la nature. La chlorophylle verte des feuilles est cachée par un pigment qui les teinte en rouge violacé. En raison de leur couleur étonnante, les hêtres à feuilles pourpres sont souvent plantés pour leur qualités ornementales.

Admirés pour leur beauté, les hêtres sont également prisés pour leur bois solide et résistant, largement utilisé dans la fabrication des meubles, des planchers et des poutres. Comme leurs branches retiennent les feuilles mortes en hiver, les hêtres sont également choisis pour étoffer les haies (le mot *hêtre* dérive d'ailleurs d'un vieux terme latin qui désignait le branchage entrelacé des haies).

Les très anciens manuscrits du nord de l'Europe écrits en caractères runiques étaient gravés sur la pierre ou sur des tablettes en bois de hêtre. C'est pourquoi le hêtre symbolise le livre, l'histoire et l'écriture.

Ci-dessus : feuilles de chêne, à la forme si caractéristique. En Angleterre, on porte un rameau de feuilles de chêne le 29 mai – Royal Oak Day (jour du chêne royal) –, en mémoire de Charles II, qui échappa, durant la guerre civile, aux « Têtes rondes » de Cromwell caché dans un chêne.

Ci-contre : un chêne pédonculé commun se dresse, superbe et solitaire. Très répandu en Europe, il est parfois appelé « chêne anglais », car il est l'arbre le plus commun des forêts de feuillus d'Angleterre. Le chêne est l'un des meilleurs bois durs parmi les feuillus, connu pour sa force et sa résistance au temps ; au XVIIe siècle, Colbert, organisant une politique forestière en France, favorisa le développement des chênaies dont on utilisa longtemps le bois pour la construction des navires de la flotte française. Outre son bois, l'écorce du chêne fut très longtemps utilisée en tannerie.

Double page précédente : les très vieux chênes, avec leurs gros troncs noueux, sont impressionnants. Le chêne pédonculé peut vivre des centaines d'années, même s'il ne manque jamais de devenir creux. Un certain nombre de chênes ont dépassé l'âge de mille ans. Le chêne de Marie-Antoinette, planté par Le Nôtre en 1681 dans le parc de Versailles, avait encore de beaux jours devant lui quand, malheureusement, la canicule de 2003 mit fin à sa carrière. Le chêne a toujours fait l'objet de respect, on le trouve dans les mythologies nordique et grecque, dans la Bible, sans oublier les druides qui le tenaient pour un arbre sacré.

Ci-contre : les chênes-lièges, avec leur surprenant tronc à nu, sont caractéristiques de l'Espagne et du Portugal. Ils sont capables de survivre si on les dépouille de leur écorce, ce qui est fait tous les dix à douze ans. L'écorce est séchée, bouillie puis débitée, l'un des usages les plus fameux du liège étant les bouchons – bien qu'aujourd'hui les producteurs de vin aient souvent recours au plastique et au bouchon à vis, menaçant l'usage traditionnel du liège. Le chêne et le vin sont encore associés dans la fabrication de tonneaux, le chêne donnant aux grands crus un parfum particulier apprécié des amateurs.

Double page précédente : chênes en hiver. De tous les arbres, le chêne est celui qui abrite le plus grand nombre d'insectes et de micro-organismes, assurant un important soutien écologique à la forêt.

Page ci-contre : on compte dans le monde presque 600 essences de chêne, parmi lesquelles le chêne blanc d'Amérique. Son bois est le plus utilisé en Amérique du Nord, où on l'appelait le « bois à douve » car on l'utilisait effectivement, en raison de sa solidité, pour les douves des tonneaux.

Ci-dessus : le frêne est l'arbre préféré des enfants, à cause de ses fruits ailés qui tourbillonnent en tombant, comme des hélices, appelés des samares. Le frêne est lui aussi un arbre de légende, notamment dans la mythologie nordique où il est considéré comme l'arbre qui soutient l'univers, et comme arbre guérisseur. De son bois dur et souple à la fois, on faisait des lances, des cannes, des roues et, au siècle dernier, l'armature des ailes de certains avions.

Ci-dessus : les graines de l'orme sont contenues dans un disque végétal qui ressemble à du papier.

Ci-contre : tableau pastoral que ces ormes dans une prairie. L'orme, ou l'ormeau, est planté à la fois comme ornement et comme source de bois d'œuvre et de nourriture pour le bétail. Résistant à l'humidité, le bois d'orme était utilisé pour les canalisations, pour la construction navale, les piliers de pont et les pilotis. Au fil des siècles, les ormes ont été des silhouettes familières de nos paysages, attirant dans ses feuillages des compagnies bruyantes de corbeaux freux. Dans les années 1970, toutefois, la *graphiose* ou maladie de l'orme de Hollande a dévasté les ormes dans tout l'hémisphère Nord, altérant gravement notre patrimoine naturel.

Double page suivante : orme en hiver.

Page ci-contre : le *Magnolia campbellii* est un prestigieux représentant de la famille des magnolias, dont la taille peut dépasser 45 mètres, aux grandes fleurs roses en forme de coupe. Originaire des forêts himalayennes, il fut volontairement introduit en Europe comme tant d'autres arbres d'ornement.

Ci-dessus : le lilas pousse dans un très grand nombre de jardins. Cet arbuste est apprécié pour ses fleurs blanches, mauves ou roses au parfum entêtant.

Double page suivante : des générations d'artistes ont tenté d'immortaliser l'éphémère beauté d'un champ de cerisiers en fleur au printemps. La floraison des cerisiers est un événement culturel au Japon, où abondent des variétés de cerisiers d'ornement.

Ci-dessus : un oranger, portant à la fois ses fruits et ses fleurs blanches odorantes. Originaires du Sud-Est asiatique, les agrumes – pamplemousses, citrons et citrons verts –, sont désormais cultivés partout dans le monde, l'orange étant le plus consommé. L'orange douce est appréciée pour sa chair et son jus, tandis que les oranges amères, notamment l'orange de Séville ou bigarade, sont utilisées pour les confitures et la célèbre marmelade. L'huile de bergamote, extraite de la peau odoriférante du fruit du bergamotier – de la même famille que l'oranger –, est utilisée en parfumerie ainsi que pour la composition du thé Earl Grey.

Aujourd'hui, les agrumes sont prescrits pour leur haute teneur en vitamine C. Les vertus du jus de citron furent mises au jour par la Marine anglaise en 1795 quand il s'agit d'en finir avec le scorbut : boire sa ration quotidienne de jus de citron vert devint une seconde nature chez les marins, d'où le surnom de *limeys* (buveurs de citron) que les Américains donnèrent aux Anglais…

Ci-dessus : la pomme est l'un des premiers fruits qui fut cultivé et elle tient toujours une place à part dans notre cœur. Dans la mythologie grecque, Pâris donne à Aphrodite une pomme d'or, la distinguant comme la plus belle parmi les autres déesses et provoquant ainsi la guerre de Troie. Pour le christianisme, le fruit de l'arbre de la Connaissance du Bien et du Mal était une pomme. En Grande-Bretagne, une cérémonie de bénédiction du pommier, remontant à l'époque des druides, consistait en une beuverie collective : la tradition se perpétua longtemps chez les fermiers et les paysans afin de favoriser les bonnes récoltes.

La méthode de la greffe, destinée à produire des fruits de meilleure qualité, est décrite dès le IIe siècle avant notre ère par Caton l'Ancien. Elle a permis de créer, au fil des siècles, de nombreuses variétés de pommes. Les émigrants du Nouveau Monde apportèrent dans leurs bagages des pépins de pommes qui survécurent à la traversée. Le « planteur de pommes » américain le plus connu est Johnny Chapman, alias Johnny Appleseed, né dans le Massachusetts en 1775, qui arpenta le pays de long en large pour y planter des graines de pommier.

Ci-contre : l'amandier fleurit au début du printemps, juste avant la feuillaison. Originaire du Moyen-Orient, cultivé par les Grecs dans l'Antiquité, l'amandier s'est répandu depuis et l'Amérique en est le plus grand producteur. Les amandes amères comme les amandes douces sont commercialisées. Les premières sont riches en acide prussique, un poison violent que la chaleur neutralise. Les amandes douces sont comestibles et sont notamment utilisées pour fabriquer la fameuse pâte d'amande.

Double page suivante : l'olivier, un arbre à croissance lente, avec son tronc noueux et tourmenté, et ses feuilles gris argenté, est typique des paysages méditerranéens. Dans la mythologie grecque, l'olivier est un don d'Athéna, la déesse de la Sagesse. L'olivier est cultivé depuis les temps préhistoriques dans le Bassin méditerranéen. Il a toujours suscité la vénération. Dans la Bible, la colombe envoyée par Noé depuis l'Arche revient avec un rameau d'olivier, devenu depuis symbole de la paix. Les oliviers sont réputés pour leur longévité – 1 500 ans, dit-on –, ce qui les place parmi les arbres les plus vieux d'Europe.

L'olivier a d'abord été cultivé pour l'huile que l'on extrait de son fruit, utilisée pour la cuisine, l'éclairage mais aussi, jadis, pour l'onction du corps dans les cérémonies religieuses. Pendant des siècles, la cueillette des olives à la main et l'extraction de l'huile à l'aide de meules en pierre ont constitué une tradition immuable. Crues, les olives ne sont pas comestibles, elles doivent donc être préparées avant de pouvoir être consommées.

Ci-dessus : les baies de sureau noir (seules comestibles), immangeables crues, se récoltaient sur les haies pour en faire de la gelée, de l'alcool et du vin.

Ci-contre : un sureau en fleur. En Grande-Bretagne, les fleurs blanches et odorantes du sureau noir servaient à distiller un cordial traditionnel. Le regain de popularité du digestif a pour conséquence que cette liqueur se fabrique désormais de façon industrielle. Les beignets de fleurs de sureau sont une gourmandise connue déjà au Moyen Âge. En Amérique du Nord, les Indiens utilisaient les vertus curatives de la fleur de sureau, l'utilisant en infusion pour se prémunir contre le rhume.

Ci-contre : une aubépine solitaire, penchée par les vents, dans la région du Dartmoor, en Angleterre.

L'aubépine, à croissance lente, qui peut atteindre – mais rarement – 8 mètres de hauteur, avec ses épines redoutables et ses fleurs qui éclosent en mai, est présente dans le folklore et la religion. Symbole de fertilité depuis les temps les plus anciens, ses fleurs étaient portées par la reine de Mai et son roi lors des fêtes de Mai. Dans la tradition chrétienne, la couronne d'épines aurait été tressée avec de l'aubépine, alors que cet arbuste ne pousse pas en Palestine. La plus célèbre des légendes concernant l'aubépine est sans nul doute celle de Glastonbury. Elle remonte au XVIe siècle et raconte que Joseph d'Arimathie, disciple du Christ, vint à Glastonbury en Angleterre et y dormit appuyé sur son bâton. Pendant la nuit, celui-ci prit racine dans le sol et fleurit sous la forme d'une aubépine. Ce signe fut interprété comme l'ordre donné à Joseph de fonder une église à Glastonbury. Depuis ce jour, une aubépine, issue de l'arbuste sacré de Joseph, pousse dans l'abbaye de Glastonbury. Chaque année à Noël, un rameau de l'aubépine de Glastonbury est offert au souverain régnant.

Ci-contre : le sorbier des oiseleurs est un arbre qui attire le regard, avec ses fleurs blanches au printemps, son feuillage d'automne orangé ou écarlate et ses grappes de baies orange (ci-dessus). Encore un arbre riche d'évocations mythologiques, réputé avoir sauvé de la noyade le grand dieu nordique Thor. On plantait souvent des sorbiers près des maisons pour en éloigner les esprits maléfiques. Et les voyageurs, la nuit de la Saint-Jean, devaient se munir d'un rameau de sorbier pour se protéger des fées qui sévissaient cette nuit-là. Solide et résistant, le bois de sorbier servait à faire les cannes, les rouets, les perches et les manches de fouet.

Ci-contre : une artère bordée de tilleuls est un tableau familier dans les villes d'Europe et d'Amérique du Nord tant cet arbre s'épanouit malgré de sévères élagages et des coupes annuelles. Le tilleul peut vivre un millénaire. Son bois clair et souple est idéal pour les touches des pianos, les allumettes et la sculpture.

Ci-dessus : la fleur odorante du tilleul produit un nectar prisé des abeilles, le miel qu'on en tire est délicieux.

Ci-dessus : l'écorce caduque – en « lambeaux » – caractéristique de l'eucalyptus.

Double page précédente : l'eucalyptus est emblématique de l'Australie, d'où il est originaire et désigné comme « l'arbre à gomme ». Sa capacité à se régénérer après un incendie de forêt est la raison de son succès sur ce continent, de nombreuses espèces pouvant produire de nouvelles pousses à partir de bourgeons non éclos dans leur écorce. L'huile d'eucalyptus, extraite des feuilles, a des propriétés antiseptiques ; elle est beaucoup utilisée dans la fabrication de médicaments et de produits d'entretien. Pour se protéger des animaux herbivores, les feuilles sont toxiques pour beaucoup d'entre eux, mais aussi très fibreuses et à très faible valeur nutritionnelle. Le koala compte parmi les trois seuls mammifères qui supportent un régime à base de feuilles d'eucalyptus, leur métabolisme lent leur permettant de digérer progressivement ces feuilles coriaces.

Page ci-contre : l'élégant eucalyptus des neiges, appelé aussi gommier, fait partie des plus de 400 espèces que compte la famille des eucalyptus. Leurs qualités ornementales leur valent d'être largement présentes dans le monde.

Page ci-contre : certains arbres s'accommodent de pousser dans les marécages ; parmi eux le niaouli, à l'écorce épaisse et écailleuse. Il fut volontairement introduit dans le parc national des Everglades, en Floride, pour contribuer à assécher les zones marécageuses. Le résultat a dépassé les espérances et il faut désormais tenter d'arrêter sa progression, car il remet en cause la spécificité de l'écosystème des Everglades.

Ci-dessus : une forêt de pandanus, de figuiers et de palmiers pousse sur les rives d'une petite rivière aux eaux calcaires du parc national de Lawn Hill à Queensland, en Australie.

Double page suivante : la forêt de niaoulis en milieu marécageux est un écosystème australien important, qui héberge de nombreuses espèces vivantes, oiseaux, chauves-souris, insectes... Certains niaoulis peuvent s'épanouir dans des zones immergées jusqu'à huit mois par an. Les aborigènes utilisaient l'écorce de niaouli de multiples façons, pour construire leurs huttes, dans leurs cérémonies funéraires et pour y envelopper leur nourriture.

ARBRES DES RÉGIONS TROPICALES ET ARIDES

Ci-dessus : spectacle bien singulier que ces longues touffes de lichen dans une forêt vénézuélienne. Les arbres sont les hôtes favoris des mousses et des lichens.

Page ci-contre : il existe trois types de forêts tropicales : les forêts proches de l'Équateur ; les « forêts de nuages », en altitude, à flanc de montagne (à hauteur des nuages) ; les forêts tropicales tempérées, qui poussent loin de l'Équateur sous des climats moins chauds aux saisons marquées, dans des pays comme l'Australie, la Nouvelle-Zélande et l'Amérique du Nord. On trouve beaucoup de conifères dans les forêts tropicales tempérées, souvent couverts de lichens et de mousses.

Double page précédente : l'étonnant spectacle d'arbres poussant les pieds dans l'eau est caractéristique de l'univers de la mangrove inondée. Les arbres qui constituent la mangrove s'adaptent à leur environnement grâce à leurs « racines échasses » qui leur permettent d'accéder à l'oxygène. Ils ressemblent à des monstres aux innombrables pattes qui arpenteraient le marécage en tous sens.

Ci-contre : la mousse envahit une forêt de myrtes, en Tasmanie. Ce rare faux hêtre de Cunningham, qui ne pousse aujourd'hui à l'état naturel qu'au sud-est de l'Australie, appartient à un groupe connu sous le nom de faux hêtres, ou hêtres méridionaux, qu'on trouve essentiellement en Amérique du Sud. Cette appartenance ainsi que la preuve, apportée par des fossiles, que ces arbres ont poussé dans l'Antarctique il y a 100 millions d'années environ, démontrent que des arbres poussaient sur ce supercontinent, le Gondwana, que formaient l'Australie, l'Amérique du Sud et l'Antarctique avant que le phénomène appelé la tectonique des plaques ne les disjoigne.

Double page suivante : arbres tropicaux dans la brume matinale sur l'île de Bornéo, en Malaisie.

Ci-contre : ces racines-contreforts sinueuses sont caractéristiques de la forêt tropicale. Dans cet environnement très surpeuplé et compétitif, les arbres se dotent de troncs hauts et droits, qui se portent vers la lumière, et d'un large réseau de racines superficielles. Les racines-contreforts, qui se développent à partir du tronc, sont essentielles pour renforcer l'assise de l'arbre, exactement comme les arcs-boutants d'une cathédrale ou d'un château-fort.

Ci-dessus : les redoutables pointes du palmier jauari constituent une protection naturelle dissuasive contre tout visiteur malintentionné. Les graines de cet arbre des forêts tropicales amazoniennes (page ci-contre) sont diffusées par les poissons, qui en consomment les fruits lorsque la forêt est inondée à la saison des pluies – un très bel exemple de la capacité d'adaptation des arbres aux environnements les plus variés.

Page ci-contre : dattiers marocains à la lumière de la lune – voilà l'image emblématique de l'oasis. En Afrique du Nord et au Moyen-Orient, les dattes constituent une nourriture importante, les dattes sèches étant un aliment de base des nomades. Les dattiers peuvent atteindre 30 mètres de hauteur mais les arbres plantés pour être exploités sont maintenus à 15 mètres en raison de la difficulté à atteindre les dattes, qui ne poussent qu'au sommet de l'arbre.

Ci-dessus : l'unique espèce de palmier de Nouvelle-Zélande, avec ses tresses de fruits caractéristiques qui poussent en cascade, se trouve abondamment dans la campagne de l'île du Nord.

Double page suivante : les dattes se présentent sous forme de régimes, chacun pesant une centaine de kilos et contenant jusqu'à mille dattes.

Ci-dessus et page ci-contre : les palmiers, au feuillage si graphique, ont toujours séduit pour leurs qualités décoratives, ornant les temples, les palais et les parcs sous les tropiques, et sont importés dans les pays tempérés pour être cultivés dans les jardins d'hiver. Mais l'homme en a tiré bien plus encore. Les palmiers fournissent de la nourriture (noix de coco, sagou et sucre de palme) et du bois d'œuvre, et, sous les tropiques, leurs feuilles sont utilisées comme chaume pour le toit des maisons.

Double page suivante : la silhouette des palmiers se détachant sur le ciel d'une plage des tropiques est une image de rêve.

Ci-contre : les fruits énormes du coco de mer (appelé aussi « coco-fesse »). C'est le fruit à graine unique le plus gros, il peut peser jusqu'à 20 kg et met plusieurs années à mûrir. Originaire exclusivement de l'île de Praslin, aux Seychelles, le coco-fesse est resté un mystère pendant des siècles. De temps à autre, les fruits partent à la dérive sur l'océan Indien et s'échouent sur les plages du sud de l'Inde, des Maldives, de Zanzibar et du Sri Lanka. Mais, longtemps, nul ne put dire d'où ils venaient, d'où leur nom de coco de mer. La forme caractéristique des deux lobes et la rareté de ce fruit ont suggéré bien des légendes, notamment celle qui veut qu'il pousse sous la mer ou qu'il ait des propriétés aphrodisiaques. La coque servait à faire des bols et à protéger contre les poisons. En 1743, son origine exacte fut découverte. Dans les années 1970, le coco de mer devint une curiosité pour touristes et aujourd'hui, malheureusement, le palmier qui le produit compte parmi les espèces en danger en raison de sa surexploitation.

Page ci-contre : des rangées de manguiers hauts et élégants ombragent une route de Malaisie. La mangue est un des fruits exotiques les plus connus. Cultivée en Inde depuis au moins le début du deuxième millénaire avant notre ère, elle est aujourd'hui largement répandue dans le monde entier. En Inde, pendant des siècles, la culture du manguier fut l'apanage des rajahs et des nababs. Les Portugais l'exportèrent de leurs colonies indiennes vers l'Afrique, d'où il fut emporté vers le Brésil et les « Indes occidentales ». Il existe de nombreuses variétés de manguier, notamment la mangue Alphonso indienne.

Ci-dessus : le figuier étrangleur, comme son nom l'indique, engloutit l'arbre qui l'héberge. C'est un épiphyte, c'est-à-dire qu'il se développe sur les hautes branches d'un autre arbre à partir d'une graine déposée par un oiseau ou un singe. Il produit d'abord des racines aériennes, qui plongent vers le sol jusqu'à ce que son hôte s'étouffe et meure, laissant un vide au centre du figuier étrangleur.

Ci-dessus : la forme étrange de la cosse d'un arbre appelé « oreille de singe », découvert au Mexique et en Amérique centrale. Les cosses sont comestibles quand elles sont encore vertes ; elles constituent aussi un fourrage pour les animaux. En raison de la vaste canopée qu'il déploie, cet arbre est planté pour l'ombre qu'il procure. Adulte, il produit environ 2 000 cosses par an, chacune contenant de dix à seize graines.

Page ci-contre : les fruits à pain, avec leur peau coriace et hérissée de piquants, sont un fruit féculent, qui sert d'aliment de base dans de nombreux pays tropicaux. Originaire des îles du Pacifique, ce fruit a été introduit par les Anglais dans leurs colonies des Indes orientales pour servir de nourriture aux esclaves dans les plantations. De célèbre mémoire, l'un des marins de Sa Majesté, le capitaine William Bligh, chargé en 1788 de convoyer une cargaison de plants d'arbres à pain de Tahiti vers les Caraïbes sur le *Bounty,* subit une mutinerie et fut abandonné à la dérive dans une chaloupe. Sans se laisser intimider par cette expérience, Bligh achemina une cargaison identique à la Jamaïque en 1793.

Ci-contre : malgré son aspect quelconque, l'ylanguier ou ylang-ylang, de la famille des annonacées, est un arbre très apprécié. Il pousse en Asie du Sud-Est, en Inde et dans les îles du Pacifique. À partir de ses fleurs particulièrement odorantes, on distille l'huile d'ylang-ylang, très utilisée en parfumerie. Le parfum de l'ylanguier est particulièrement entêtant le soir et attire les papillons nocturnes dont le rôle de pollinisateur est essentiel. Ses fleurs (ci-dessus) ne sont récoltées que lorsque l'arbre a cinq ans. Elles doivent être cueillies tôt le matin. Il faut environ 100 kg de fleurs d'ylang-ylang pour produire de 1,5 à 2,5 l d'huile, dont la première distillation est la plus recherchée.

Page ci-contre : image saisissante d'un mahogany australien (proche de l'acajou) s'élançant vers le ciel. La forêt tropicale d'Australie abrite de nombreuses essences spécifiques de ce continent. L'une des découvertes les plus excitantes fut celle, en 1994, au fin fond d'une forêt tropicale de la région des montagnes Bleues, en Australie, du pin Wollemi, un chaînon du passé préhistorique de l'Australie qu'on pensait disparu depuis des millions d'années ; l'équivalent, en botanique, de ce que serait aujourd'hui un dinosaure vivant !

Ci-dessus : ses fleurs tombant en cascade font du cityse indien ou faux caroubier un arbre ornemental très populaire, familier des jardins tropicaux. Dans la médecine indienne ayurvédique, son écorce et ses racines sont utilisées pour traiter notamment la fièvre, la bronchite et la pneumonie.

Ci-contre : le baobab est l'un des arbres les plus étonnants de Madagascar et d'Afrique, un arbre imposant qui peut vivre des siècles. Le plus vieil arbre d'Afrique se trouve à Sagole, en Afrique du Sud, un baobab dont le tronc présente un diamètre de 14 mètres et qu'on dit âgé de plus de 5 000 ans.

Ci-dessus : la grande fleur blanche du baobab s'épanouit en solitaire sur la branche, et son parfum puissant ressemble à celui du melon.

Page ci-contre : le baobab est connu pour son tronc immense, ventru et résistant au feu, dans lequel l'eau est stockée à la saison des pluies. Un grand baobab adulte est réputé contenir jusqu'à 1 200 litres d'eau. Son allure singulière lui a valu d'inspirer de nombreux contes et légendes. Une légende arabe raconte comment le baobab fut arraché par le Démon, qui l'enfonça à l'envers dans le sol, les racines en l'air.

Double page suivante : des silhouettes de baobabs de Madagascar se détachent sur la toile de fond d'un coucher de soleil particulièrement coloré.

Ci-dessus : dans ce décor aride, un dragonnier abrite de son ombre une femme et son troupeau.

Page ci-contre : les dragonniers, avec leur feuillage caractéristique en forme de parasol, sont l'emblème des paysages stériles. Leur nom vient de la résine rouge de l'arbre, appelée « sang de dragon » ou encore « cinabre ». Cette résine, qui se forme sur les baies de la taille d'une cerise, est récoltée depuis l'Antiquité. Elle est vendue en morceaux, en grains, en bâtonnets ou en poudre. Pline l'Ancien raconte comment cet arbre surgit de terre après un combat entre un éléphant et un dragon. Le sang de dragon fut dès lors tenu pour un puissant remède. Il fut également utilisé comme pigment et comme teinture pour colorer le verre, le marbre et les violons italiens.

Double page suivante : une forêt d'acacias parasols sur le flanc du cratère du Ngorongoro en Tanzanie.

Ci-dessus : un nid de fourmis venimeuses dans les épines hypertrophiées d'un *Acacia drepanolobium* (ou acacia siffleur) d'Afrique orientale : une forme étrange de parasitage. Plutôt que de nidifier au sol, qui est soit détrempé, soit trop sec et trop dur pour être foré, les fourmis choisissent de loger dans cet arbre. Elles commencent par l'élaguer, grignotant toute branche qui pourrait être en contact avec les autres plantes alentour, mais aussi le protègent, se précipitant au moindre mouvement pour piquer tout animal qui viendrait brouter le feuillage, telles les girafes.

Page ci-contre : un éléphant solitaire cherchant sa nourriture dans une forêt d'acacias africaine. Les éléphants peuvent faire beaucoup de dégâts, déracinant ou abattant des arbres pour se nourrir et laissant ainsi, après leur passage, un environnement passablement dévasté.

Double page suivante : des acacias morts dessinent une sinistre « forêt » dans l'aride désert de Namibie.

Page ci-contre : saucissonnier ou « arbre à saucisse » africain *(Kigelia africana)*, dont le nom humoristique vient des longues gousses en forme de saucisse qui peuvent dépasser 60 cm et peser jusqu'à 6,6 kg. Ses fleurs rouges, au parfum très fort, attirent les chauves-souris, les insectes et les souimangas – des oiseaux se nourrissant essentiellement de nectar –, qui sont autant d'agents pollinisateurs. Les fruits ne sont pas consommés tels quels mais sont utilisés dans la médecine traditionnelle africaine, qui leur prête des pouvoirs magiques.

Ci-dessus : les arbres ont un rôle vital pour les oiseaux ; ils constituent notamment des abris, comme le prouve cet ensemble de nids de tisserins.

Double page suivante : les kokerbooms ou « arbres carquois », une essence à croissance lente de la famille des aloès, sont originaires d'Afrique du Sud et de Namibie, où ils poussent dans les zones arides. Leur tronc est massif et présente une écorce dorée aux écailles tranchantes comme des lames de rasoir. Celles-ci protègent des serpents et des chacals les œufs et les oisillons des tisserins qui nidifient dans les branches.

Page ci-contre : malgré sa taille et son apparence modestes, l'oliban ou arbre à encens a été recherché dès l'Antiquité pour sa résine blanche aromatique, qui faisait partie des présents que les Mages apportèrent à Bethléem en hommage à l'Enfant Jésus. L'huile essentielle d'oliban est également réputée. La résine est récoltée deux fois par an, selon un procédé veillant à ce que la résine puisse s'écouler en cicatrisant le tronc. On laisse vieillir la résine avant de la commercialiser. Sa couleur varie du blanc opaque au brun doré, selon l'essence de l'arbre dont elle provient. Prisé par la médecine indienne ayurvédique, l'oliban est utilisé en Occident dans les produits de beauté, le savon et les parfums, et comme insecticide au Moyen-Orient. Dans l'ancienne Égypte, l'oliban faisait partie des produits d'embaumement.

Ci-dessus : un aloès en arbre pousse sur un sol rocailleux en plein désert de Namibie.

Double page suivante : la forme tourmentée de l'arbre de Josué est caractéristique du désert Mojave. Espèce la plus grande de la famille des yuccas, atteignant 12 mètres, l'arbre de Josué aurait été nommé ainsi par les colons mormons à qui cet arbre rappelait le prophète, dont les bras tendus leur faisaient signe d'approcher.

BIBLIOGRAPHIE

BARATON Alain, *Le Monde des arbres d'ornement*, Éditions du Rouergue, 2005
BROSSE Jacques, *Larousse des arbres,* Larousse, 2004
BROSSE Jacques, *Mythologie des arbres*, Payot, 1993
BOULLARD Bernard, *Petite Encyclopédie de la forêt*, Ellipses-Marketing, 1999
CUCCHIARINI Ferrucci, *L'Arbre, un petit monde plein de vie*, Milan,2005
DOMONT Philippe et ZARIC Nikola, *Guide des curieux en forêt – Toute la forêt en 301 questions-réponses,* Delachaux et Niestlé, 1999
GREENAWAY Theresa, *Au cœur des jungles*, Gallimard, 1994
JOHNSON Owen, *Guide Delachaux des arbres d'Europe*, Delachaux et Niestlé, 2005
JOYCE David, *Taille et Palissage – Arbres fruitiers, arbres et arbustes d'ornement, petits fruits et vignes,* Nathan, 2003
JULLIEN Élisabeth et Jérôme, *Le Guide des arbres et arbustes d'ornement – 2 volumes*, Bornemann, 2002
LAURIOT-PREVOST Claude, MABEY Richard et ROBERTS Clarc, *Histoire d'un chêne*, Albin Michel, 1983
LEWINGTON Anna et PARKER Edward, *Arbres millénaires – Ces arbres qui nous fascinent*, Courrier du Livre, 2000
MEMORY-PATERSON Jacqueline, *Le Petit Livre des arbres*, La Table ronde, 2001
NIELS PONTOPPIDAN Alain, *La Vie secrète des arbres et des forêts*, Actes Sud Junior, 2004
OLDFIELD Sara, *Exubérantes Forêts tropicales*, Sélection du Reader's Digest, 2003
PAKENHAM Thomas, *Le Tour du monde en 80 arbres*, Le Chêne, 2002
PARRET Jean, *L'Arbre*, Actes Sud, 1999
PEGURET Agnès et LÉVÊQUE François, *Forêts et Industrie du bois*, Economica, 1999
POTT Eckart, *Le Monde fascinant des arbres*, Nathan, 2004
PUIG Henri, *La Forêt tropicale humide*, Belin, 2002

REMERCIEMENTS

L'éditeur tient à remercier Ardea qui lui a permis la reproduction des photographies de cet ouvrage.
Avec l'aimable autorisation des photographes d'Ardea :

Ardea 19, 26-27, 37, 38, 51, 56, 58, 59, 71, 86, 90, 91, 96-97, 106-107, 111, 122-123, 131, 134-135, 184-185, 187 ; Laub 94-95, 124-125; Pat Morris 179 ; Chris Martin Bahr 126-127, Liz et Tony Bomford 52, 88 ; Liz Bomford 166 ; J.-B. et S. Bottomley 115 ; John Cancalosi 30-31 ; Johan De Meester 16, 112-113 (et 4) ; David Dixon 55, 83, 116-117, 151 ; Steve Downer 81 ; Thomas Dressler 68-69, 102-103, 150, 180-181 ; Jean-Paul Ferrero 20, 44, 87, 133, 138-139, 140, 142-143, 144-145, 154 ; Ferrero/Labat 176-177 ; Kenneth W. Fink 29, 36, 114 ; Paul Germain 84-85 ; Bob Gibbons 10, 11, 12-13, 25, 39, 48-49, 50, 70, 75, 76-77, 81, 89, 98-99, 105, 118-119, 124 (et 3) ; Pascal Goetgheluck 40, 57, 62-63, 82, 130 ; Francois Gohier 15, 32-33, 45, 46-47 (et 1), 78-79, 141, 162, 188-189 ; Nick Gordon 148, 149 ; Chris Harvey 155 ; Steve Hopkin 60-61 ; Masahiro Iijima 168-169, 172-173 ; Chris Knights 72-73 ; Jean-Marc La Roque 128-129 (et 190-191) ; Wayne Lawler 17, 132, 146-147 ; Tom et Pat Leeson 18 ; Ake Lindau 6-7, 41, 64, 74, 92-93, 108-109, 120-121 ; Ken Lucas 152-153 ; John L. Mason 35, 47, 54, 65, 98, 106, 127, 183, 186 ; Stefan Meyers 156-157, 178 ; Pat Morris 182 ; D. Parer et E. Parer-Cook 161 ; A. P. Paterson 24, 110, 120 ; R. F. Porter 174, 175 ; Robyn Stewart 8-9 ; Peter Steyn 136-137, 158-159, 170, 171 ; J. E. Swedberg 104 (et 2) ; Ron et Valerie Taylor 14 ; Duncan Usher 100-101 ; Joanne Van Gruisen 160, 167 ; Richard Waller 22-23, 53 (et 193) ; Adrian Warren 28 ; M. Watson 66-67, 163, 164, 164-165 ; Wardene Weisser 34, 42-43.

Première de couverture : Wayne Lawler/Arden
Quatrième de couverture : Jean-Paul Ferrero/Arden

La réalisation de cet ouvrage n'aurait pas été possible sans l'aide précieuse de Sophie Napier et de Su Gooders, et de leur équipe chez Ardea à Londres.
L'éditeur tient également à remercier Rebecca Marsden, Vicki Harris, Trevor Bunting, Alison Guantlett et Carol Salter.